安全生产“谨”上添花图文知识系列手册

现代企业常用安全生产规章制度宣传教育手册

东方文慧　中国安全生产科学研究院　编

中国劳动社会保障出版社

图书在版编目(CIP)数据

现代企业常用安全生产规章制度宣传教育手册/东方文慧，中国安全生产科学研究院编. —北京：中国劳动社会保障出版社，2014

(安全生产“谨”上添花图文知识系列手册)

ISBN 978-7-5167-1147-7

Ⅰ.①现… Ⅱ.①东…②中… Ⅲ.①企业管理-安全生产-规章制度-安全教育-中国-手册 Ⅳ.①X931-62

中国版本图书馆 CIP 数据核字(2014)第 094901 号

中国劳动社会保障出版社出版发行

(北京市惠新东街 1 号　邮政编码：100029)

*

北京市白帆印务有限公司印刷装订　　新华书店经销

787 毫米×1092 毫米　32 开本　3.75 印张　73 千字

2014 年 5 月第 1 版　　2020 年 12 月第 2 次印刷

定价：20.00 元

读者服务部电话：(010) 64929211/84209101/64921644

营销中心电话：(010) 64962347

出版社网址：http://www.class.com.cn

编委会名单

前 言

生产经营单位发生的大量事故，促使人们探求事故发生的原因及规律，建立事故发生的模型，以指导事故的预防，减少或避免事故的发生，于是就有了事故致因理论。

各种事故致因理论几乎都有一个共识：人的不安全行为与物的不安全状态是事故的直接原因。无知者无畏，不知道危险是最大的危险。人为失误、违章操作是安全生产的大敌。有资料表明，工矿企业80%以上的事故是由于违章引起的。因此，即使在现有的设备设施状况、作业环境、管理水平下，如果大幅度减少违章，安全生产状况也会有显著改善。

作业人员遵章守纪，是安全生产的重要前提之一，其重要性不言而喻。企业员工要具备与自己的工作岗位相适应的生理、心理与行为条件，要具有熟练的操作技能，还应具备故障监测与排除、事故辨识与应急操作、事故应急救援等技能。这就是打造所谓“本质安全人”的基本要求，这也是企业面临的重要而艰巨的任务。

多年来，东方文慧为“本质安全人”奉献了大量优秀的安全文化产品。“安全生产‘谨’上添花图文知识系列手册”的策划出版，是一件十分有意义的事情。系列手册内容翔实，图文并茂，通俗易懂，是企事业单位安全生产培训与宣教以及职工自主学习的优秀资源。

本书汇集了一般企业典型管理制度，供企业管理人员学习和参考使用。企业管理人员在制定企业的管理制度时，可以以此为蓝本，根据企业实际情况进行修改，形成符合企业实际的管理制度，为企业的安全生产服务。

我相信，企业职工通过对书中安全生产知识的学习，安全素质将会得到有益的提升，为做好企业的安全生产工作增砖添瓦。我愿意将系列手册推荐给广大职工，同时将我的祝福送给各位朋友：平安相随，幸福相伴！

赵云胜

目 录

一、安全生产责任制度

为进一步贯彻落实“安全第一、预防为主、综合治理”的安全生产方针，强化各级组织和人员的安全生产责任制，确保安全生产，特制定本制度。

1. 适用范围

本制度适用于公司内所有部门、车间和班组。

2. 责任

（1）总经理是公司安全生产的第一责任人。

（2）在实际工作中贯彻管生产必须管安全，谁主管谁负责的原则。

（3）公司的各级领导人员和职能部门，必须在各自工作范围内，对安全生产负责。

（4）安全生产人人有责，公司全体员工都必须在自己的岗位上认真履行各自的安全职责，实现全员安全生产责任制。

3. 内容

（1）建立、健全并督促落实安全生产责任制。

（2）组织制定本单位安全生产规章制度和操作规程。

（3）保证本单位安全生产的资金投入，不断改善安全检查基础设施、安全生产环境和条件。对安全设备设施进行定期维修、保养、并定期检测，保证正常运转。

（4）督促、检查本单位的安全生产工作，及时消除各种事故隐患。

（5）制定并组织实施本单位的生产事故应急预案。

（6）及时、如时报告安全生产事故，积极参加事故抢救工作，做好事故善后处理工作。

（7）对从业人员进行安全生产教育和培训，使其具备必要的安全生产知识，熟悉有关的安全生产规章制度和操作规程，掌握本岗位的安全操作技能。

（8）加强职业卫生管理，建立健全职业卫生管理制度和措施，预防、控制和消除职业危害，保护劳动者的健康及相关权益。

二、安全生产投入保障制度

为进一步加强安全管理，确保企业对安全费用投入、使用及时、到位，根据《安全生产法》及其相关规定，结合单位实际情况，制定以下安全生产投入保障制度。

1. 企业主要负责人（投资人）是保证安全生产资金投入的责任人，要确保单位安全生产投入的有效实施。

2. 确保单位安全资金投入满足安全生产条件需要，安全生产投入必须纳入企业全年经费预算。

3. 安全生产专项资金由企业安全生产领导小组负责管理，做到安全资金专户储存、专人管理、专项使用，不得挪作他用。

4. 安全费用按国家或省确定的标准足额提取，由企业统一管理。

5. 安全费用主要用于下列安全生产事项：

（1）安全技术措施工程建设。

（2）安全设备、设施和工艺的更新以及技术检测检验、改造和维护。

（3）安全生产宣传、教育和培训。

（4）劳动防护用品配备。

（5）整改安全事故隐患。

（6）其他保障安全生产的事项。

6. 企业应当依法缴纳安全生产风险抵押金。

7. 企业主要负责人对用于安全生产所必需的资金投入不足导致的后果承担责任。

三、安全管理一般制度

为了认真贯彻落实“安全第一、预防为主、综合治理”的方针，促进各级部门及人员安全管理责任的有效落实，切实加强安全管理，保证从业人员在生产过程中的人身安全与健康，特制定本制度。

1. 凡入厂参观、学习、参加劳动的人员，必须经领导同意，并经过安全教育，厂方指定专人负责，方可进行工作与参观。

2. 工作前要充分休息，禁止喝酒，穿戴好劳动保护用品，并认真执行交接班制度，检查本岗位使用的一切用具和设备、安全设施等是否处于良好状态，发现问题及时处理，不可带“病”运转或勉强使用。

3. 配戴劳动保护用品不齐全、服装不整齐、有飘带（如围巾）、不戴帽子、女工辫子垂放在外的情况，不许进入厂区。

4. 上下楼梯要扶好栏杆，确保行走安全。

5. 岗位操作人员认真值守岗位，不准打盹、睡觉，说笑打闹，更不准擅自离开岗位。

6. 工作现场必须保持整洁，备件、材料、工具等物，要堆放在安全地点，对易燃、易爆、有毒及腐蚀性物品，要专人负责，严加隔离保管。

7. 凡是与工作无关人员，不准乱动机械和电气设备，不准擅自开动天车等。

8. 不准在电焊、气焊旁等危险场所逗留，乙炔发生器附近严禁烟火。完工后要检查是否有火灾隐患，发现隐患立即处理。

9. 严禁在仓库、油仓等易燃易爆场所附近吸烟和动火，厂房内严禁任意生火，严禁随意增设电炉子。

10. 防火器材必须专人保管，不许将防火用具改做其他工具使用。

11. 机械和电气设备，严禁挂物，工作现场应有足够照明，使用手灯必须为36伏以下。

12. 从事高空作业，距地面3米以上，必须戴好安全带，并绑在牢固地点。操作人员要躲开各种电气线路，禁止高空抛物。

13. 重大设备，保护装置的试调必须做好记录。

14. 一切转动部件，都应设有保护罩，设备转动时不许移动保护装置及跨越转动设备和转动皮带。

15. 爱护机电设备上的一切保护装置和信号装置，不准任意拆除和调整，有铅封部位，更不许私自打开。

16. 检查和检修设备时，须两人以上在场，与生产岗位联系好，切断电源，挂好检修牌才能进行工作。检修后，要清理好现场，验收合格后，摘掉检修牌，移交生产单位。

17. 高压部位检修，必须两人以上，并做好接地保护。

18. 操作高压电气设备时，必须穿好绝缘鞋或站在绝缘台上，戴好绝缘手套，操作前要检查设备周围，确定无人和无异物后方可开车。

19. 如发生设备、人身事故，必须如实上报，不得隐瞒，并保护好现场。

20. 在淋水的环境下，电动机和电气设备必须有防水防潮措施。在潮湿环境下工作的电气设备，启动前要检查绝缘电阻是否合格，不许随意启动。

21. 重要岗位，必须配有可靠消防器材。电缆沟及配电室，必须有良好排水设施。

22. 如发生触电现象，不准用手拉，可用干木棒或绝缘材料，将触电人脱开电源。

23. 上下班时注意车辆安全，防止伤害。

四、安全设施、设备管理和检修、维修制度

为了科学地管理公司的设备，使设备的维护管理工作有组织、有计划、有原则、有标准、有规程地进行，以达到设备的使用寿命长、综合效能高和适应生产发展需要的目的，特制定本制度。

1. 建立健全以岗位责任制为基础的设备管理制度，实施设备管理责任制，主要设备实行三定：定人、定机、定责。

2. 加强对设备操作、维修人员的技术培训，不断提高业务素质和技术操作水平。各主要设备都要制定岗位技术操作规程。设备操作、维修人员要做到“三好”与“四会”标准，即“管好、用好、修好”，“会使用、会检查、会维护、会排除故障”。

3. 设备技术状况的管理

将所有设备按其技术状况、维护状况和管理状况分为完好设备和非完好设备，并分别制定具体考核标准。

各单位的生产设备必须达到上级下达的技术指标，即考核设备的综合完好率。专业部门（设备处、科、组），要分别制定出年、

季、月度设备综合完好率指标，并层层分解逐级落实到岗位。

4. 设备润滑管理

（1）各单位设备管理部门设润滑专业人员负责设备润滑专业技术管理工作，车间、采区、工段设润滑工负责设备润滑工作。

（2）每台设备都必须制定完善的设备润滑图表和要求，并认真执行。

（3）要认真执行设备用油清洁（油桶、油具、加油点），保证润滑油（脂）的清洁和油路畅通，防止堵塞。

（4）对大型、特殊、专用设备用油要坚持定期分析化验制度。

（5）润滑专业人员要做好设备润滑新技术推广和油品更新换代工作。

（6）认真做好废油的收回管理工作。

（7）对生产设备润滑油的冒、滴、漏情况要组织研究攻关，逐步解决。

5. 设备缺陷的处理

（1）设备发生缺陷，岗位操作和维护人员能排除的应立即排除，并在工作记录中详细记录。

（2）岗位操作人员无力排除的设备缺陷要详细记录并逐级上报，同时精心操作，加强观察，注意缺陷发展。

（3）未能及时排除的设备缺陷，必须在每天生产调度会上研究如何处理。

（4）在安排处理每项缺陷前，必须有相应的措施，明确专人负责，防止缺陷扩大。

6. 设备运行动态管理

设备运行动态管理，是指通过一定的手段，使各级维护与管理人员能牢牢掌握住设备的运行情况，依据设备运行的状况制定相应的措施。

（1）建立健全系统设备巡检标准。要对每台设备，依据其结构运行方式，定出检查的部位（点巡检）、内容（检查什么）、正常运行的参数标准（允许的值），并针对设备的具体运行特点，对设备的每一个巡检点确定出明确的检查周期。

（2）建立健全巡检保证体系。生产岗位操作人员负责对本岗位使用设备的所有巡检点进行检查，专业维修人员要承包对重点设备的巡检任务。要根据单位设备的多少和复杂程度确定设置专职巡检工的人数和人选，专职巡检工除负责承包重要的巡检点外，要全面掌握设备的运行动态。

（3）信息传递与反馈。生产岗位操作人员巡检时，发现设备不能继续运行需紧急处理的情况，要立即通知当班调度，由值班负责人组织处理。一般隐患或缺陷，检查后登入检查表，并按时传递给专职巡检工。

专职维修人员进行的设备巡检，要做好记录，除安排本组处理外，要将信息向专职巡检工传递，以便统一汇总。

专职巡检工除完成承包的巡检点外，还要负责将各方面的巡检结果汇总整理，并列出当日重点的问题向厂设备科传递。

设备科列出主要问题，除登记台账外，还应及时输入计算机，便于综合管理。

（4）动态资料的应用。巡检工针对巡检中发现的设备缺陷、隐患，提出应安排检修的项目，纳入检修计划。巡检中发现的设备缺陷必须立即处理的，由当班的生产指挥者即刻组织处理。本班无能力处理的，由上级领导确定解决方案。重要设备的重大缺陷，由厂级领导组织研究，确定控制方案和处理方案。

（5）设备薄弱环节的立项处理。凡属下列情况均属设备薄弱环节：

1）运行中经常发生故障停机而反复处理无效的部位。

2）运行中影响产品质量和产量的设备、部位。

3）运行达不到小修周期要求、经常要进行计划外检修的部位（或设备）。

4）存在安全隐患（人身级设备安全），且日常维护和简单修理无法解决的部位或设备。

（6）对薄弱环节的管理。企业设备科要依据动态资料，列出设备薄弱环节，按时组织审理，确定当前应解决的项目，提出改进方案。改进方案实施后，企业要组织有关人员进行效果考察，做出评价意见，有关领导审阅后，存入设备档案。

7. 设备科要负责编制设备大、中修检修计划，并同时提出保证安全施工的要求，报厂主管设备的副经理审批后实施。大、中修设备检修要成立临时指挥部，负责施工的指挥，保证安全施工。

（1）新增特种设备，在投入使用前必须持监督检验机构出具的验收检验报告和安全检验合格标志，到所在地市经特种设备安全检察机构注册登记。将安全检验合格标志固定在特种设备显著位置后，方可投入正式使用。

（2）在用的特种设备实行技术性能定期检验制度。使用单位必须定期向所在地的监督检验机构申请定期检验，及时更换安全检验合格标志，超过有效期的特种设备不得使用。

（3）使用单位必须制定并严格执行以岗位责任制为核心，包括档案管理、安全操作、常规检查、维修保养、定期报检和应急措施在内的特种设备安全使用和运行的管理制度，必须保证特种设备技术档案的完整、准确。

（4）标准或技术规程中有寿命要求的特种设备或零部件，应当按照相应的要求予以报废处理。特种设备进行报废处理后使用

单位应向负责特种设备注册登记的特种设备安全监察机构上报。

（5）特种设备的操作人员必须持有特种作业人员操作资格证。对于设备管理中由于违章操作、违章指挥、玩忽职守等造成设备事故时，将视其情节轻重分别给予写检查、罚款、开除等不同程度的处理。对于精心操作、忠于职守、设备使用、维护良好、有较大技术革新者，将给予奖励。

五、生产安全事故报告和调查处理制度

为加强事故管理，有效控制事故的扩大，减少伤亡和财产损失，吸取经验教训，有效遏制各类事故的发生，特制定本制度。

1. 适用范围

本制度适用于本企业事故的报告、调查、处理及采取纠正预防措施的控制。

2. 事故分类

事故分为四类：

（1）特别重大事故，是指造成30人以上死亡，或者100人以上重伤（包括急性工业中毒，下同），或者1亿元以上直接经济损失的事故；

（2）重大事故，是指造成10人以上30人以下死亡，或者50人以上100人以下重伤，或者5 000万元以上1亿元以下直接经济损失的事故；

（3）较大事故，是指造成 3 人以上 10 人以下死亡，或者 10 人以上 50 人以下重伤，或者 1 000 万元以上 5 000 万元以下直接经济损失的事故；

（4）一般事故，是指造成 3 人以下死亡，或者 10 人以下重伤，或者 1 000 万元以下直接经济损失的事故。

3. 事故报告

（1）事故发生后负伤者或事故现场人员应立即向企业负责人报告。

（2）企业负责人接到事故报告后，应在 1 小时内报告当地安全生产监督管理部门和上级主管部门。

（3）企业负责人在报告的同时立即采取有效的措施，启动相应的应急救援预案，开展施救工作，防止事态进一步扩大，尽最大努力减少人员伤亡和财产损失，并注意保护现场。

4. 事故报告的内容

事故报告应包括事故发生的单位、时间、地点、简要经过、伤亡人数、直接经济损失初步估计、发生事故原因的初步判断和采取的应急措施及控制情况等。

5. 事故调查

（1）确定事故调查权限：

1）轻伤事故由车间负责人组织有关人员进行调查。

2）重伤事故由企业负责人组织有关部门进行调查。

3）死亡事故和急性中毒事故按事故等级分别由县级以上人民政府组成事故调查组进行调查。企业主要负责人及相关人员配合调查。

（2）事故调查人员职责：

1）对事故现场进行拍照、录像、勘察、测绘并组织技术鉴定。

2）查明事故发生原因、过程，人员伤亡及财产损失情况。

3）查明事故性质、事故责任单位。

4）提出初步处理意见及防止类似事故再次发生所应采取的措施建议。

5）写出事故调查报告。

（3）事故调查人员应具备的条件：

1）具有事故调查所需的某一方面的专长。

2）范围尽可能满足事故调查的需要。

6. 事故的处理

（1）无论事故的大小，必须按照“四不放过”的原则处理。

（2）事故调查人员提出事故处理意见和防范措施，填写《因工伤亡事故调查报告书》。根据事故的不同级别经企业安全领导小组讨论并经企业负责人批准后，由事故单位负责按《纠正与预防措施控制程序》实施纠正，由安全部门监督实施。

（3）因违章指挥、违章作业、玩忽职守或在发生事故隐患后未采取有效措施，以致造成伤亡事故的，由企业负责人按照国家、地方和有关规定对单位负责人和直接责任人给予相应的处分。

（4）对事故发生后隐瞒不报、虚报、故意拖延不报、故意破坏或伪造事故现场、无正当理由拒绝配合调查的相关人员，严格按国家法律法规及有关规定处理。

（5）在事故调查处理过程中，对玩忽职守、徇私舞弊或打击报复的，根据事故的性质按规定给予相应行政处分，构成犯罪的移送司法机关追究刑事责任。

7. 事故结案

（1）轻伤事故在 10 日内结案，由安全部门负责将有关事故材料存档。

（2）重伤事故在 30 日内结案。

（3）召开事故总结大会，通报事故情况和总结经验教训。

8. 恢复生产

事故发生后必须在查明事故原因，采取有效措施，确保安全生产的前提下，并经政府安全监督管理部门论证、批准后方可恢复生产。

六、安全生产检查制度

为加强企业安全生产监督检查，提高检查效果，逐步实现检查工作规范化、标准化，不断消除事故隐患，制止“三违”，根据安全生产法律法规和有关规定的要求并结合公司的安全生产特点制定本制度。

1. 适用范围

本制度适用于本公司下属各单位。

2. 检查的组织与实施

安全生产检查包括日常安全检查和定期安全检查。

（1）日常安全检查包括作业环境、安全设施、作业人员、机械设备、工器具及个人防护、施工通道、材料堆放等。各位安全员每日巡查一次，单位领导不定期抽查。

（2）定期安全检查。公司每月组织一次由有关单位和部门参加的安全大检查。

3. 安全检查内容

（1）查领导。是否坚持“安全第一、预防为主、综合治理”的安全生产方针；是否把安全工作列入重要议事日程并付诸实施；是否做到“计划、布置、检查、总结、评比”生产的时候，同时计划、布置、检查、总结、评比安全工作。

（2）查管理。各项安全管理制度是否得到落实，安全管理的台账、记录是否齐全；安全技术措施的编制和交底是否有针对性并执行；安全生产管理系统是否正常发挥作用；各个单位的安全员的安全管理是否到位，并尽职尽责。

（3）查隐患。生产现场存在哪些事故隐患，有哪些违章违纪现象；安全防护设施及安全标志的设置是否齐全可靠；是否做到了文明施工。重点查人的不安全行为、物的不安全状态、环境的不安全因素。

（4）查事故处理。发生事故后是否按规定进行调查、分析、处理、统计和上报，有无瞒报、谎报或拖延不报的现象；事故调查处理是否实事求是，原因分析是否准确，责任是否明确，整改措施是否有效。

4. 结合工作实际重点检查内容

（1）安全管理机构是否健全，安管人员是否按规定配齐。

（2）安全管理资料和管理制度是否健全和完善。

（3）各类作业人员的遵章守纪情况。

（4）各类作业人员安全知识和技能水平及安全教育培训效果。

（5）各种安全检查发现的隐患是否及时处理和整改。

（6）在制订工作方案时，是否制定了有针对性的安全技术措施，实施前是否进行了安全交底。

（7）工作现场的安全防护设施是否齐全、可靠、有效、无隐患。

（8）现场的临时用电设施，是否符合规范要求，电气元件有无破损残缺、有箱无锁、一闸多机现象。

（9）各种生产机械、机具的防护装置和漏电接地保护系统是否齐全有效。

（10）单位给员工是否配发了岗位必需的个人防护用品，如安全帽、安全带、防尘口罩、护耳器、防尘眼镜、手套等。

（11）易燃、易爆、有毒物品是否按规定保管和存放，是否健全了管理制度。

（12）重点部位、危险点是否制定了事故预防措施，配备了消防器材，消防器材是否摆放合理、可靠有效，有关部门人员是否熟练掌握消防技能。

（13）特种作业人员是否持证上岗。

（14）特种设备是否报有关安监部门备案，是否建立了档案，定期检查和日常维护保养情况。

（15）作业场所的施工是否做到了干净整洁，垃圾、废料是否及时清理，材料设备是否摆放有序。

（16）各种安全标志是否齐全、挂在明显部位、内容有针对性。

5. 对检查中发现的问题整改

（1）各类安全检查中发现的安全隐患，应如实进行登记，作为整改和备查的依据，同时为加强管理提供信息。

（2）一般问题，现场能解决的，立即整改。

（3）重大问题，发出隐患通知单，整改单位应按三定原则（定责任人、定期限、定措施）进行整改，按要求整改单位应填报《整改反馈单》报原检查单位，申请复查。原检查单位收到《整改反馈单》后，应及时组织复查。

（4）安全部应执行检查、整改、复查、销案制度，各项记录和资料应保存齐全。

七、安全生产事故隐患排查、整改制度

为贯彻工厂“安全第一、预防为主、综合治理”的安全管理方针，加强事故隐患整改治理管理工作，提高企业本质安全，依据国家法律法规及有关规定制定本制度。

1．适用范围

本规定适用于本厂所属各单位的事故隐患整改治理的安全管理。

2．事故隐患

安全生产事故隐患是指生产经营单位违反安全生产法律、法规、规章、标准、规程和安全生产管理制度的规定，或者因其他因素在生产经营活动中存在可能导致事故发生的物的危险状态、人的不安全行为和管理上的缺陷。

3. 事故隐患管理、整改责任

（1）事故隐患坚持“谁存在事故隐患，谁负责监控整改”的原则，由存在事故隐患的单位组织管理、整改，该单位主要负责人对本单位各类事故隐患的管理、整改、排查全面负责。

（2）事故隐患的责任划分坚持“属地管理”的原则。

（3）事故隐患实行报告制度，任何单位和个人对本单位存在的各类事故隐患均应报告上一级或本单位主要负责人。

（4）每季、每年应当对事故隐患排查治理情况进行统计分析，并分别于下一季度 15 日前和下一年 1 月 31 日前向当地安监部门报送书面统计分析表。统计分析表应由单位主要负责人签字。

（5）对于重大事故隐患除依照前款报送外，应及时向当地安监部门报告。

报告包括以下内容：

1）隐患的现状及其生产的原因。

2）隐患的危害程度和整改难易程度分析。

3）隐患的治理方案。

（6）对于一般事故隐患，由企业负责人和有关负责人立即组织整改。对于重大事故隐患，由企业主要负责人组织制定并实施事故隐患治理方案。

重大事故隐患治理方案应包括以下内容：

1）治理的目标和任务。

2）采取的方法和措施。

3）经费和物资的落实。

4）负责治理的机构和人员。

5）治理的时限和要求。

6）安全措施和应急预案。

（7）在事故隐患治理过程中，应当采取相应的安全措施，防止事故发生。事故隐患排除前或者排除过程中无法保证安全的，应当从危险区域内撤出作业人员，并疏散可能危及的其他人员，设置警戒标志，暂时停产停业或者停止使用。

（8）各单位及相关部门应当按照《安全生产责任制》的职责划分定期对本单位职责范围内的事故隐患进行经常性的排查，执行《安全生产检查制度》，发现事故隐患的应当立即排除。因本厂规划或者生产技术、工艺、设计等原因难以立即排除的，应当成立由事故隐患

所在单位主要负责人负责的隐患治理领导小组，并采取有效的安全防范和监控措施。

4．事故隐患的评估

（1）事故隐患的评估应按照国家法律、法规、标准、规范、规定，选择适用的评估方法对工厂安全检查、安全评价、职工合理化建议或生产中产生的隐患进行自评。自评后的隐患应建立完整、齐全的档案资料，并报上一级管理部门及相关部门。

报告内容应包括：

1）评估报告。

2）评审意见。

3）评审结论。

4）隐患治理方案。

5）整改进度和责任人。

6）资金概预算情况等。

（2）各单位、主管部门对基层单位或职工上报的事故隐患，应及时组织有关职能部门对隐患进行评估论证。对于危及安全生产的不安全因素或重大险情，应立即采取安全可靠的应急措施，防止险情的扩大和发展。同时，按照急事急办的原则，立即安排整改治理计划。对需要列入技术改造项目和大修更新改造计划进行整改的隐患项目，组织编制评估报告、项目建议书或整改方案后，报厂有关部门安排落实。

（3）经自评或请专家评估后属于重特大事故隐患的，应立即报告领导。

5. 整改要求

（1）责任单位的主要领导应亲自抓整改，分管领导要靠上抓整改，齐抓共管、协调配合，确保事故隐患整改工作取得实效。

（2）整改责任单位要按照《事故隐患整改通知书》要求，对事故隐患认真整改，并于规定的时间内向工厂安全部报告整改情况。整改期限内,要采取有效的防范措施,进行专人监控,明确责任,坚决杜绝各类事故的发生。

（3）整改工作结束后，整改单位要按要求写出验收报告，由安全部组织检查验收，检查验收合格的，整改单位向安全部报全部整改资料。

（4）整改措施不到位，检查验收不合格，事故隐患未消除的停止运行和操作使用，由厂领导下达停止运行通知。整改合格后向厂申请检查验收，检查验收合格的可恢复运行。

6. 整改资金的筹措

事故隐患整改资金从安全专项费用中列支。

7. 事故隐患的档案管理

整改责任单位要建立健全事故隐患档案，完善管理制度，做到专人负责，专人管理，及时准确，完整成套，长期保存。

8. 考核和奖惩

对隐患整改考核按照《安全标准化合格班组管理规定》执行，

并纳入年终安全风险抵押金考核。对落实责任，措施得力，整改及时，效果明显的单位和个人，经工厂安委会研究，作为年度安全管理评价、责任书完成的依据。对整改工作不力，措施不到位，未能达到安全整改要求的通报批评，因整改责任不落实造成事故的按照《事故管理规定》处理。

八、安全生产奖惩和责任追究制度

为了督促员工严格执行各类安全生产规章制度，不断规范员工的安全生产行为，进一步明确奖惩的依据、标准和程序，并使奖惩公开、公平、公正，以确保安全生产工作的顺利进行，特制定本制度。

1. 适用范围

本制度适用于工厂各单位。

2. 职责

（1）安全部负责考核落实工作。

（2）各单位按照《安全生产责任制》的分工在各自的职责范围内落实考核工作，并有权提出奖罚建议。

3. 奖励办法

（1）工厂与签订各部门按照《安全生产目标责任书》进行年度奖罚考核。

（2）工厂每年评选安全生产先进单位、安全生产先进工作者的奖励办法按照厂《年终评比办法》执行。

（3）安全生产先进单位和先进工作者的评选条件：

1）全面落实安全生产责任制，单位事故指标得到控制，经考核取得优异成绩的。

2）在安全生产竞赛等专项活动中取得突出成绩的。

3）严格执行安全生产规章制度，在制止和纠正违章作业、违章指挥上坚持原则，对安全生产做出特殊贡献的。

4）精心操作，保持生产稳定，认真执行巡检制度，及时发现和消除事故隐患成绩显著的。

5）在实现安全生产和改善劳动条件中，推行现代化安全管理方法，进行技术改进，有发明创造的。

6）避免重大事故或在事故抢险中处理果断、奋勇抢救人员和企业财产，防止事故扩大、减少事故损失贡献突出的。

7）在重大事故隐患项目整改治理工作中尽职尽责，措施得力，成绩突出的。

8）在实现安全生产中有其他突出贡献的。

9）所辖单位无工伤事故，无直接经济损失十万元以上的责任事故及造成一定社会影响的环境污染事故。

4. 处罚范围

（1）严禁酒后上岗，违者责令停止工作，期间按旷工处理。

（2）严禁在厂区吸烟，违者按厂有关规定执行。

（3）进入施工现场必须戴安全帽，违者扣 20 元。

（4）职工上岗严格按规定穿戴劳保用品，违者扣 20 元。

（5）高空作业必须系好安全带，违者扣 20 元。

（6）未按规定要求整改的一般事故隐患，扣 50 元，重大事故隐患扣 100 元。

（7）检修、进容器等作业必须按规定办理安全作业票，违者扣 100 元。主管领导未进行作业前安全教育、提示安全注意事项致使作业者违章的，扣 100 元。

（8）其他违章行为及事故管理按照厂有关规定处理。

5．惩罚审批手续

厂级惩罚由车间、安全部打出奖惩报告及内容，由车间主任签署意见后上报厂办，由厂长召开安委会研究批准实施。

车间级惩罚，由车间打出奖惩报告及内容，由所在车间安全领导小组审核批准实施后报安全部存档。

6．奖、罚颁发程序

（1）厂级奖励颁发由厂长批准授奖者名单，事迹和奖励金额等事宜，安全部负责起草通告后实施。

（2）车间级奖励颁发，由各单位主要领导在本单位安全总结会公布奖励名单、事迹和奖励金额等事宜，并在车间班前班后会上公布，由车间安全员负责实施。

（3）厂级惩罚，由厂长在安全例会上公布惩罚名单及惩罚理由等事宜，由安全部负责起草通告后实施。

（4）车间级惩罚由各单位主要领导在本单位会议上公布惩罚名单、惩罚理由等事宜，由安全员负责实施。

7．奖励资金来源

（1）从厂安全费用中提取。

（2）厂内违章违纪罚款中提取。

（3）从生产成本中列支。

8．奖惩资料归档

（1）所有资料应分门别类做好存档工作，厂级奖罚记入安全

部的奖惩台账，同时要在本人安全作业证内详细登记，对于受到行政处分的，企管部做好登记，作为年终考核依据之一。

（2）车间级奖惩应记入车间奖惩台账和本人安全作业证并上报厂各主管部门。

（3）厂、车间的安全奖惩审批手续应存档。

九、安全生产会议管理制度

为加强安全生产工作的管理和协调，收集汇总安全生产信息，安排检查、整改安全隐患，研究布置安全工作，确保工厂安全生产。

1. 引用标准及适用范围

根据国家法律、法规的有关规定，结合企业实际制定本制度，本制度适用于厂安全生产会议的管理。

2. 安全生产会议包括安全生产委员会（简称安委会）会议及安全例会。

（1）厂安全生产委员会：

1）厂安全生产委员会每季度召开一次。

2）厂安全生产委员会由厂长主持召开，安委会全体成员参加，特殊情况扩大参加人员范围。

（2）会议主要内容：

1）学习安全生产的法律、法规，上级重要的安全生产文件精神。

2）研究、分析当前的安全生产形势和布置有关安全工作措施。

3）研究重大事故隐患的整改方案、时间进度。

4）调度基层单位安全生产中的疑难问题和解决的进度情况。

5）研究制订厂年度安全生产计划，解决重大安全问题。

6）对重大人身、设备、生产事故调查处理，落实预防措施。

（3）安全生产例会：

1）安全生产例会每月召开一次，由各分厂厂长主持，相关科室、车间、班组负责人参加。特殊情况，可扩大人员范围。

2）会议主要内容。

①各车间负责人汇报上个月本单位的安全生产情况。

②分析上个月的安全生产事故情况，总结经验教训，指出各单位的安全管理中存在的问题。

③传达上级文件和会议指示精神以及本厂对安全生产的要求，安排本厂下一步安全生产工作。

④分析、介绍同行业近期的安全生产形势以及本厂安全生产中存在的问题。

⑤调度关键装置、重点部位、重大危险源的监控情况。

⑥分析季节性安全生产的特点，研究布置防范措施。

⑦下一步工作中应该注意的问题和建议采取的措施。

（4）管理要求：

1）安全会议是工厂安全工作信息反馈的窗口，能及时了解和掌握各单位安全工作真实情况，安委会成员单位应按时参加。

2）安全会议参加人员应按时参加会议，不准缺席，安全部应认真考核，对无故缺席者，每次罚 20 元。

3）参加会议的人员在参加会议前，应详细、全面了解本单位的安全生产情况，并在会议上说明，同时提出需要工厂协调解决处理的隐患等。

4）参加会议人员，应将会议有关精神及时在车间会议上进行汇报，并迅速传达到各班组、岗位，并对会议布置工作认真贯彻执行。

5）参加会议人员应有会议记录本，主持会议人员应备有会议记录，并详细记录会议有关内容和决策，便于落实会议精神。

6）生产安全会议应按时召开，内容要充实，效果明显，确实解决生产中实际问题，及时消除事故隐患。全年召开会议不少于12 次，在年度安全工作总结中进行评价。

7）会议实行备案制度，要有签到和会议记录。

8）安全部应将生产安全会议执行情况、会议工作安排落实情况、参加会议人员到会情况等全部进行考核，并列为年终安全奖励的依据。

十、安全生产档案管理制度

为了进一步加强公司安全生产管理工作，预防和减少安全生产事故，提高公司安全生产管理水平，根据公司具体情况，特制定安全生产档案管理制度。

1. 根据《中华人民共和国安全生产法》和有关法律、法规的要求，结合本企业的实际情况制定本制度。

2. 安全档案管理是安全管理的重要组成部分，通过对各类安全档案资料的归纳、整理、统计、分析，为企业重点部位、重点时段、重点岗位、重点人员的管理提供依据，找出事故发生的规律，指导安全管理工作。

3. 安全档案的范围包括安全生产规章制度档案、事故档案、安全教育档案、安全检查档案、重大危险源和事故隐患及整改档案、特种设备及危险作业管理档案、特种作业人员管理档案、安全措施项目档案、奖惩档案、安全计划档案，安全总结档案、职业卫生管理档案。

4. 安全档案应设专人管理，做好防盗、防火、防晒、防潮、防蛀等工作，确保安全档案的安全。

5. 凡是在安全管理工作中使用，具有查询利用价值的文件、记录、资料都要齐全、完整地收集起来。

6. 安全档案管理人员应将收集起来的各种资料按照类别及时入档。

7. 安全档案应按文件材料的重要性分绝密、机密、秘密、一般四级，收藏时间可分永久、长期、短期三种，然后依据编好的类目进行分类。

8. 安全档案要科学排列，便于查找，档案要定期核对，发现破损、变质要及时修补或复制。

9. 安全档案管理人员必须认真遵守保密守则，加强档案管理，做到不失密、不泄密。

10. 外单位及企业内部有关部门借阅档案时，必须经有关领导签字，办理借阅手续，档案管理人员当面查点清楚，并告知借阅者注意保密，不得丢失、损坏、涂改，并要如期归还。

11. 借出的安全档案，确因工作需要不能如期归还，档案管理人员主动联系借阅者办理续借手续。

12. 归还档案时，由档案管理人员当面查点清楚，并在借阅登记簿上及时注销。

13. 安全档案管理人员因管理不善造成安全档案的丢失、损坏、涂改、泄密时，视情节轻重对档案管理人员进行责任追究。

14. 借出的安全档案丢失、损坏、涂改、泄密时，视情节轻重对借阅者进行责任追究。

十一、安全生产台账管理制度

为进一步加强安全管理基础工作，促进工厂安全台账的标准化，规范化，特制定本制度。

1．安全科、设备科需要建立的基本台账

（1）重大危险源台账。

（2）关键装置和重点部位台账。

（3）危险化学品登记台账。

（4）安全生产奖惩台账。

（5）外来施工单位管理台账。

（6）安全活动台账。

（7）安全检查台账。

（8）安全例会台账。

（9）教育培训台账。

（10）劳动防护用品台账。

（11）事故台账。

（12）事故隐患整改台账。

（13）特种作业证档案。

（14）消防台账。

2. 各车间要建立的基本台账

（1）安全活动台账。

（2）安全检查台账。

（3）安全例会台账。

（4）教育培训台账。

（5）劳动防护用品台账。

（6）事故台账。

（7）事故隐患整改记录。

（8）八种安全作业证档案。

3. 班组要建立的基本台账

（1）安全活动台账。

（2）安全检查台账。

（3）安全会议台账。

（4）教育培训台账。

（5）事故台账。

（6）事故隐患整改记录。

4. 台账的内容

（1）教育培训台账。包括本厂领导人和管理人员安全教育培训情况；新员工入厂三级教育情况；外来施工人员安全教育培训情况；对事故责任者的安全教育培训情况；岗位安全技术操作情况。台账应至少填写讲授人、填表人、培训地点、培训时间、培训内容，并要有参加人员签字以及效果验证的时间、方式和评价结果。

（2）安全检查台账。工厂要定期组织安全检查，要将检查时间、检查内容、检查人、检查情况、整改情况编号，以安全检查表的形式存档。按照工厂安全生产管理规定，安全部每月组织一次综合安全大检查，每周进行一次安全检查，班组每周进行至少一次安全检查，除此外，还应根据专业特点、季节变化、节假日及特殊作业要求，开展专项检查。

（3）事故台账。按照《事故管理制度》要求，各部门要逐级

建立事故台账。安全部要建立爆炸、污染、人身伤亡事故台账，设备部要建立设备台账（包括停电、停水、停气、停设备等）、生产调度室要建立生产事故台账（包括跑、串、冒、漏事故，生产指挥失误，生产操作失误等），技术部负责质量事故台账的建立，各车间对本部门发生的事故都要建立台账，台账要求记录事故发生所在部门，发生日期、事故类别、事故经过，并严格按照“四不放过”原则进行事故原因分析，分清责任，详细填写防同类事故再发生的防范措施和处理意识。

十二、安全生产经费使用管理制度

为了建立企业安全生产投入长效机制，加强企业安全生产费用财务管理，维护企业、职工以及社会公共利益，保障公司的安全费用切实落实，确保公司生产、经营活动正常有序的开展，根据《安全生产法》的规定，结合公司的实际情况，特制定本制度。

安全生产经费使用管理制度是制度建设的一个重要组成部分。

1. 为了建立企业安全生产投入长效机制，加强企业安全生产费用财务管理，维护企业、职工以及社会公共利益，根据国家有关法律制定本办法。

2. 安全生产费用（以下简称“安全费用”）是指企业按照规定标准提取，在成本中列支，专门用于完善和改进企业安全生产条件的资金。

3. 安全费用按照“企业提取、政府监管、确保需要、规范使用”的原则进行财务管理。

4. 安全投入资金的使用

（1）安全投入资金应能充分保证安全生产需要，要专款专用。

（2）安全投入应包括以下内容：

1）安全投入依据风险评价的结果为安全工程、安全管理、安全设备、劳动防护用品、安全标志及标识、安全奖励、安全教育培训、工伤保险、应急设备设施、事故预防等费用。

2）为从业人员配备符合国家标准的个体防护用品的费用，如劳动服装、安全帽、安全手套、防护眼罩、防尘口罩等。

3）安全设施费用。

①安全技术设施：以防止火灾、爆炸、工伤等为目的的一切措施，如安全联锁、报警、安全通信、监测设施等。

②辅助房屋及措施：有关保证生产必须的房屋及一切措施，如更衣室、休息室、淋浴室等。

③作业场所职业危害防治措施：防触电、防噪声和粉尘、防灼伤冲淋设施等。

④以上各种设施的维护保养费用。

4）保证重大隐患治理所需费用。

5）安全检查工作所需费用。

6）建立应急救援队伍、开展应急救援演练所需的费用。

①应急救援设施（如防火墙、安全通道、消防用具、抢险救灾的工程设施及器具、警示标志、检测报警仪器、通信联络器材、抢险救灾车辆、围堤、回收装置等）、设备、用具或用品等费用。

②应急救援组织办公费用。

③应急救援培训及演练费用。

7）安全风险抵押金。

8）为从业人员交纳保险费用等。

5. 安全投入资金的管理

（1）财务科要建立专门的账户，按规定范围安排使用。年度结余下年度使用。当年计提安全费用不足的，超出部分按正常成本费用渠道列支。

（2）利用安全费用形成的资产，应当纳入相关资产进行管理。

（3）各部门发生安全投入费用，执行公司的财务审批手续。

十三、安全作业管理制度

为规范工厂内作业安全管理，控制和消除生产作业过程中的潜在风险，实现安全生产，制定本制度。

1．适用范围

（1）适用于工厂各部门、车间、班组。

（2）申办厂内安全作业许可证的项目。

1）厂内动火作业。在厂内进行的电焊、气焊、气割、切割等产生明火的作业。

2）临时用电作业。厂内一切临时用电的作业。

3）高处作业。按照《高处作业分级》规定的各种作业。

4）厂内部规定的其他需办理安全作业许可证的项目。

2. 职责与分工

主管部门 :安全部，负责厂内各项作业安全管理制度的监督执行。

相关部门:生产科，协助主管部门监督各项作业中的安全工作。行政办公室，负责规定职责内的各项安全作业工作。各部门、车间、班组，认真贯彻执行本制度，保障各项作业安全实施。

3. 内容与要求

（1）各项作业必须办理安全作业许可证：

1）申办厂内安全作业许可证的程序。

①由作业或被作业部门提出指定专人向管理部门提出申请。

②安全作业许可证由安全部或相关部门签发并进行监督，注重时效性。

2）安全作业许可证的内容。

①安全作业许可证应注明作业内容和作业的起止时间。

②应规定具体的防范措施和作业区域。

③需通知的相关部门和具体的防护要求。

④作业负责人和作业监护人。

3）安全作业许可证的使用要求。

①严格遵守作业的起止时间，如超时应及时补办相应手续。

②对作业区域应有明确的警戒标识。

③防范措施应告知所有作业人员，并按规定穿戴和使用防护用品。

④作业监护人应坚守岗位，不得擅离职守和做其他工作。

⑤作业完成后应及时按防范标准清理作业现场，通知相关部门撤除警戒标识，并及时向主管部门汇报作业完毕。

4）作业涉及厂关键装置和重点部位时应进行风险评价和制定相应的控制措施。

（2）动火作业。按照《防火、防爆及动火作业管理制度》相关要求执行。

（3）临时用电作业：

1）非电工严禁进行包括拉接、拆除电焊机及其他电气设备的电源线等的用电操作，必须由电工负责办理。

2）检修（大修）时，电工班要安排专人负责拉接、拆除临时用电线，保证用电安全。由生产科办理安全作业许可证。

3）工期较长，需要多台临时用电器的作业项目，由电工班安排专人到施工现场拉接、拆除电线。

4）除临时用电接线盘外，其他配电盘禁止拉接临时用电。如特殊情况确需在工艺配电拉接临时用电时，应经电工班班长同意，否则，不准接线。

5）临时电源线不得搭靠工艺设备、管道等。

6）使用手电钻、砂轮等手持电动工具，必须绝缘良好，并配上触电保护器，以防止触电事故。

（4）高处作业：

1）高处作业的定义。

①高处作业是指凡距坠落高度基准面 2 m 及其以上，有可能坠落的高处进行的作业，称为高处作业。

②坠落高度基准面是指从作业位置到最低坠落着落点的水平面。

③异温高处作业是指在高温或低温情况下进行的高处作业。高温是指工作地点具有生产性热源，其气温高于本地区夏季室外通风设计计算温度的气温 2℃及以上时的温度。低温是指作业地点的气温低于设计计算气温 5℃及以上的。

④带电高处作业是指作业人员在电力生产和供、用电设备的维修中采取地（零）电位或等（同）电位作业方式，接近或接触带电体对带电设备和线路进行的高处作业。

2）高处作业的分级。

①作业高度在 2 ～ 5 m 时，称为一级高处作业。

②作业高度在 5 m 以上至 15 m 时，称为二级高处作业。

③作业高度在 15 m 以上至 30 m 时，称为三级高处作业。

④作业高度在 30 m 以上时，称为特级高处作业。

3）高处作业的分类。

①特殊高处作业包括在阵风风力为 6 级（风速 10.8 m/s）及以上情况下进行的强风高处作业；在高温或低温环境下进行的异温高处作业；在降雪时进行的雪天高处作业；在降雨时进行的雨天高处作业；在室外完全采用人工照明进行的夜间高处作业；在接近或接触带电体条件下进行的带电高处作业；在无立足点或无牢靠立足点的条件下进行的悬空高处作业。

②一般高处作业指除特殊高处作业以外的高处作业。

4）高处作业的管理规定。

①从事高处作业的单位必须经安全部办理登高安全作业许可证，落实安全防护措施后方可施工。

②登高安全作业许可证审批人员应赴高处作业现场检查确认安全措施后，方可批准高处作业。

③高处作业人员必须经安全教育，熟悉现场环境和施工安全要求。对患有职业禁忌证和年老体弱、疲劳过度、视力不佳及酒后人员等，不准进行高处作业。

④高处作业前，作业人员应查验登高安全作业许可证，检查确认安全措施落实后方可施工，否则有权拒绝施工作业。

⑤高处作业人员应按照规定穿戴劳动保护用品，作业前要检查，作业中应正确使用防坠落用品与登高器具、设备。

⑥高处作业应设监护人对高处作业人员进行监护，监护人应坚守岗位。

5）高处作业安全防护。

①高处作业前，施工单位应制定安全措施并填入登高安全作业许可证内。

②不符合高处作业安全要求的材料、器具、设备不得使用。

③高处作业所使用的工具、材料、零件等必须装入工具袋，上下时手中不得持物。不准投掷工具、材料及其他物品。易滑动、易滚动的工具、材料堆放在脚手架上时，应采取措施防止坠落。

④高处作业与其他作业交叉进行时，必须按指定的路线上下，禁止上下垂直作业，若必须垂直进行作业时，应采取可靠的隔离措施。

⑤高处作业应与地面保持联系，根据现场情况配备必要的联络工具，并指定专人负责联系。

⑥在采取地（零）电位或等（同）电位作业方式进行带电高处作业时，必须使用绝缘工具或穿均压服。

6）甲单位到乙单位作业，乙单位要向甲单位交代清楚安全措施，遇有排空、泄压等异常情况，要先通报甲方然后实施。多单位交叉作业时，由设备（场所）所属单位牵头，制定安全措施，提出安全要求，进行安全监护。

十四、消防安全管理制度

为了切实加强公司消防安全管理工作，预防火灾和减少火灾危害，保护公司财产安全，根据《消防法》，结合公司实际制定本制度。

1．消防安全教育、培训制度

（1）每年以创办消防知识宣传栏、开展知识竞赛等多种形式，提高全体员工的消防安全意识。

（2）各部门应针对岗位进行消防安全教育培训。

（3）对消防设施维护保养和使用人员应进行实地演示和培训。

（4）对新员工进行岗前消防培训，经考试合格后方可上岗。

2．安全疏散设施管理制度

（1）单位应保持疏散通道、安全出口畅通，严禁占用疏散通道，严禁在安全出口或疏散通道上安装栅栏等影响疏散的障碍物。

（2）应按规范设置符合国家规定的消防安全疏散指示标志和应急照明设施。

（3）严禁在营业或工作期间将安全疏散指示标志关闭、遮挡或覆盖。

3. 消防设施、器材维护管理制度

（1）消防设施日常使用管理由专职管理员负责，专职管理人员每日检查消防设施的使用状况，保持设施整洁、卫生、完好。

（2）消防设施及消防设备技术性能的维修保养和定期技术检测由消防工作归口管理部门负责，设专职管理员每日按时检查了解消防设备的运行情况，查看运行记录，听取值班人员意见，发现异常及时安排维修，使设备保持完好的技术状态。

4. 用电安全管理制度

（1）严禁随意拉设电线，严禁超负荷用电。

（2）电气线路、设备安装应由持证电工负责。

（3）各部门下班后，该关闭的电源应予以关闭。

（4）禁止私用电热、电炉等大功率电器。

十五、职业病危害预防制度

为了预防、控制和消除职业病危害，保护劳动者健康及相关权益，促进生产发展，特制定职业病预防制度。

1. 职业病范围

职业病指劳动者在职业活动中，因接触粉尘和其他有害物质等因素而得的疾病包括职业性尘肺病及其他呼吸系统疾病、职业性皮肤病、职业性眼病、职业性耳鼻喉口腔疾病、职业性化学中毒、物理因素所致职业病、职业性放射性疾病、职业性传染病、职业性肿瘤、其他职业病。

2. 企业在职业病防治方面的职责

企业负责为劳动者创造符合国家职业卫生标准和卫生要求的工作环境和条件，并采取措施保障劳动者得到职业卫生保护。建立健全职业病防治责任制，加强对职业病防治的管理，提高职业病防治水平，对本单位的职业病危害承担责任。

3. 职业病的防护与管理

（1）设置或指定职业卫生管理机构或者组织，配备专职或兼职的职业卫生专业人员，负责本单位的职业病防治工作。

（2）制订职业病防治计划和实施方案，在编制年度生产和资金计划时，应将防治职业病和工业卫生方面所需的投资一并纳入计划，同时编报。

（3）加强防尘措施。运输过程湿式作业。接尘作业人员必须佩戴防尘口罩，防尘口罩阻尘率应达到 I 级标准要求（即对粒经部大于 5 um 的粉尘，阻尘率大于 99%）。

（4）作业场所的噪声，不宜超过 90 dB（A），达不到噪声标准规定的作业场所，工作人员要佩戴防护用具。

（5）根据工作场所中的职业危害因素及其危害程度，根据规定，为从业人员免费提供符合国家规定的劳动防护用品。

（6）新工人入厂前，必须进行身体健康检查，不适合从事作业者不得录用。

（7）职工的健康检查每年进行一次，要按照卫生部规定的职业病范围和诊断标准定期对职工进行职业病鉴定和复查，并建立职工健康档案。

（8）应加强对女职工的特殊劳动保护和职业卫生问题，提供必要的卫生条件。

4. 职业病人的保障

（1）职业病病人依法享受国家规定的职业病待遇。

（2）应当按照国家有关规定，安排职业病病人进行治疗、康复和定期检查。

（3）对不适宜继续从事原工作的职业病病人应当调离原岗位，并妥善安置。凡已确诊为尘肺病者，两个月内应将其调离接尘岗位，另行安排工作。

（4）对从事接触职业病危害非职工，应当给予适当岗位津贴。

5. 监督与权利

（1）工会在职业病防治工作中有监督的权利。

（2）劳动者依法享有职业卫生保护的权利。

（3）企业全体职工应接受职业卫生培训和教育。

十六、职业危害控制制度

为了认真贯彻《职业病防治法》，预防、控制和消除职业病危害，防止职业病的发生，保护公司职工的健康及其相关权益，改善生产作业环境，搞好职业卫生工作，制定本制度。

职业危害控制制度是企业文化建设一个重要的组成部分。

1. 作业现场的职业卫生监测数据是评价生产场所的劳动卫生条件及诊断职业病重要依据，也是判断新建、改建、扩建、引进工程项目和新工艺、新设备、新材料是否符合投产使用要求的重要依据。

2. 安全部负责对公司作业环境中职业危害因素的监测工作，单位需要监测的职业危害有粉尘、噪声、高温等。

3. 安全部负责联系有资质的监测机构每年监测一次。各部门如工作环境发生变化认为可能对职工造成伤害时，要及时联系安全部予以确认并积极进行改进。

4. 监测方法必须严格执行国家劳动卫生监测检验方法和标准，

按照采样监测分析操作规程、规范操作。

5. 监测数据要存档保存，监测结果必须及时报有关领导审阅，并向全厂公布。对检测出不符合职业卫生要求的部门要制订专门的管理方案并加以实施，安全部负责督促整改。

6. 新建、改建项目，依具体情况进行投产前监测，并整理分析结果，建立技术档案。对于不符合国家劳动卫生标准的，不准投产使用。

7. 各部门应对本部门职业卫生环境进行经常性检查，对不符合国家要求的岗位应及时建立管理方案并按计划实施。

十七、劳动防护用品发放和管理制度

为保证安全生产，改善劳动条件，预防职业病发生，保护劳动者的健康，使劳动者在生产过程中为免遭或减轻事故伤害及职业病危害，合理发放劳动防护用品，加强员工劳动防护用品和保健品的管理，特制定本制度。

1. 企业应当按照《劳动防护用品选用规则》（GB 11651—2008）和国家颁发的劳动防护用品配备标准以及有关规定，为从业人员配备劳动防护用品。

2. 企业不得以货币或者其他物品替代应当按规定配备的劳动防护用品。

3. 企业为从业人员提供的劳动防护用品，必须符合国家标准或者行业标准，不得超过使用期限。

4. 企业应当督促、教育从业人员正确佩戴和使用劳动防护用品。

5. 企业应当建立劳动防护用品的采购、验收、保管、发放、使用、报废等管理制度。

（1）劳动防护用品的采购：

1）工厂应当按国家有关规定安排用于配备劳动防护用品的专项经费。

2）劳动防护用品的采购工作由设备部负责。

3）采购劳动防护用品时，主管人员应核实生产单位的生产资质是否符合国家有关规定。不得采购无安全标志的劳动防护用品。

（2）劳动防护用品的验收：

1）一般劳动防护用品由仓库保管员负责验收。必要时可要求其他部门进行协助。

2）特种劳动防护用品由安全部负责验收，必要时可要求其他部门进行协助。

3）发现劳动防护用品存在质量问题，验收人员有权拒收或要求采购部门进行退货或换货。

（3）劳动防护用品的保管：

1）劳动防护用品仓库内的劳动防护用品由仓库保管员负责保管。

2）个人劳动防护用品由所有者自己保管。

3）共用的一般和特种劳动防护用品由所在单位负责人或其指定人员负责保管。

4）要做好劳动防护用品的保养，随时处于完好状态。

（4）劳动防护用品的发放：

1）劳动防护用品应按照《劳动防护用品选用规则》（GB 11651）和国家《劳动防护用品配备标准》进行发放。

2）劳动防护用品的发放由安全部开证明，仓库保管员负责发放。

3）特种劳动防护用品和超出正常发放标准的劳动防护用品，须经生产副总审批安全部备案后，由仓库保管员负责发放。

4）在事故抢险及其他特殊应急的情况下，仓库保管员有权对一般劳动防护用品和特殊劳动防护用品实行先发放后审批。任何单位和个人不得阻止其发放工作。

5）从业人员有权依法向工厂提出配备所需劳动防护用品的要求，有权对厂劳动防护用品管理的违法行为提出批评、检举、控告。

（5）防护用品的使用：

1）一般和特种劳动防护用品的正确使用方法的培训，厂级由安全部负责，车间级由车间负责人或其指定人员负责，班组级由班组长负责。

2）从业人员在作业过程中，必须按照安全生产规章制度和劳动防护用品使用规则，正确佩戴和使用劳动防护用品，未按规定佩戴和使用劳动防护用品的，不得上岗作业。

3）有关职能部室、车间、工段、班组等有关人员，应经常对从业人员劳动防护用品正确佩戴和使用的情况进行监督，发现问题及时纠正。

4）任何劳动防护用品不得穿着出厂，清洗时不得与其他物品一起清洗，杜绝和儿童衣物一起清洗。

（6）劳动防护用品报废：

1）个人拥有所有权的一般劳动防护用品的报废，由个人根据厂劳动防护用品管理规定的要求自行决定，职能部室、车间、工段、班组等有关主管人员有权进行监督，发现不符合劳动防护用品管理要求的，有权强令其报废。

2）共用的一般劳动防护用品的报废由车间、部室、班组的负责人，根据厂劳动防护用品管理规定的要求决定，由仓库保管员鉴定并收回。

3）特种劳动防护用品的报废，须经车间、安全部等有关部门按照厂劳动防护用品管理规定的要求鉴定后方可报废。

4）企业不得采购和使用无安全标志的特种劳动防护用品。购买的特种劳动防护用品须经本单位的安全生产技术部门或者管理人员验收。

5）从业人员在作业过程中，必须按照安全生产规章制度和劳动防护用品使用规则，正确佩戴和使用劳动防护用品。未按规定佩戴和使用劳动防护用品的，不得上岗作业。

6）劳动防护用品由安全部门统一管理和发放，并建立采购、验收、保管、发放、使用、报废管理台账。

十八、特种作业安全制度

为规范特种作业人员的安全管理，防止人员伤亡事故，促进安全生产，本公司依据《特种作业人员安全技术培训考核管理规定》制定本制度。

1．适用范围

本制度适用于企业内特种作业人员。

2．考核与发证

（1）国家安全生产监督管理总局（以下简称安全监管总局）指导、监督全国特种作业人员的安全技术培训、考核、发证、复审工作；省、自治区、直辖市人民政府安全生产监督管理部门负责本行政区域特种作业人员的安全技术培训、考核、发证、复审工作。

（2）特种作业人员必须经专门的安全技术培训并考核合格，取得《特种作业操作证》后，方可上岗作业。

（3）特种作业人员的安全技术培训、考核、发证、复审工作实行统一监管、分级实施、教考分离的原则。

3. 条件与复审

（1）特种作业人员应具备的条件：

1）年满18周岁，且不超过国家法定退休年龄。

2）经社区或者县级以上医疗机构体检健康合格，并无妨碍从事相应特种作业的器质性心脏病、癫痫病、美尼尔氏症、眩晕症、癔病、震颤麻痹症、精神病、痴呆症以及其他疾病和生理缺陷。

3）具有初中及以上文化程度。

4）具备必要的安全技术知识与技能。

5）相应特种作业规定的其他条件。

6）危险化学品特种作业人员应当具备高中或者相当于高中及以上文化程度。

（2）特种作业人员复审：

1）特种作业操作证每3年复审1次。

特种作业人员在特种作业操作证有效期内，连续从事本工种10年以上，严格遵守有关安全生产法律法规的，经原考核发证机关或者从业所在地考核发证机关同意，特种作业操作证的复审时间可以延长至每6年1次。

2）特种作业操作证需要复审的，应当在期满前60日内，由申请人或者申请人的用人单位向原考核发证机关或者从业所在地考核发证机关提出申请，并提交下列材料：

①社区或者县级以上医疗机构出具的健康证明。

②从事特种作业的情况。

③安全培训考试合格记录。

特种作业操作证有效期届满需要延期换证的，应当按照前款的规定申请延期复审。

3）特种作业操作证申请复审或者延期复审前，特种作业人员应当参加必要的安全培训并考试合格。

安全培训时间不少于 8 个学时，主要培训法律、法规、标准、事故案例和有关新工艺、新技术、新装备等知识。

4）申请复审的，考核发证机关应当在收到申请之日起 20 个工作日内完成复审工作。复审合格的，由考核发证机关签章、登记，予以确认；不合格的，说明理由。

申请延期复审的，经复审合格后，由考核发证机关重新颁发特种作业操作证。

十九、岗位标准化操作制度

为贯彻“安全第一、预防为主、综合治理”的方针，维护企业的利益，保障厂安全生产，确保各岗位职工的人身安全，特制定本制度。

1. 岗位操作人员要知道本岗位潜在的危险和安全措施，具备辨识危险和事故控制的能力。

2. 岗位人员必须按规定参加安全培训，考核合格后，才能上岗操作。

3. 岗位人员必须认真贯彻“安全第一、预防为主、综合治理”的方针及上级有关安全生产方面的政策法律，遵守劳动纪律和生产工艺纪律。

4. 正确使用所分管的机器设备，保持安全防护装置齐全、完好、可靠，清除作业环境中的危险因素。

5. 特种作业人员必须按照国家安全生产行业标准进行作业操作。

6. 开好班组“三会”，即班前布置会（布置任务时安全措施要具体）、班后总结会（总结当班安全生产情况）、安全活动会（要有内容、效果、有记录）。

7. 不违章指挥，且有权拒绝不符合安全生产的指令和意见。

8. 如发生轻伤以上事故及重大险肇事故，应立即报告有关领导和安全部门，组织抢救伤员，保护现场并如实说明事故有关情况。

9. 严格遵守各项规章制度，协助班组长做好安全生产工作。

10. 对违章违纪者要制止并及时向上级报告。

11. 正确佩戴和使用劳动防护用品，落实各项安全措施。

12. 新工人、实习代培人员、换岗及复工人员要进行上岗前安全教育，经考核合格后方可上岗。

13. 作业现场要清洁，工具、物品、物料放置整齐有序。安全通道要畅通，安全防护、消防设备齐全有效。安全色标、安全标志齐全完好。

二十、安全工作例会及安全日活动制度

为了使安全工作贯穿于整个生产过程，强化安全管理工作，根据公司的实际情况，特制定本制度。

1. 公司每月召开一次有专、兼职安全员、技术人员、施工队长和劳务队伍负责人参加的安全工作例会。例会可以与每月的生产调度会合并召开。会议内容为：

（1）学习上级安全文件、通报、会议精神和本级安全工作要求。

（2）检查上次安全例会布置的安全文明施工工作及安全施工方案落实情况。

（3）研究、协调、解决各部门、施工队安全文明施工方面存在哪些问题。

（4）听取和采纳来自第一线的安全文明施工合理建议或意见。

（5）对存在的问题提出改进措施，并安排进行整改。

（6）布置下一阶段的安全工作，提出安全注意事项。

2. 施工班组每周召开一次安全活动会，其内容为：

（1）总结前一周安全施工文明施工的经验，表扬好人好事，找出存在的问题和教训，批评违章违纪。

（2）查找和预测施工生产中存在的隐患及问题，制定整改措施和解决办法，解决不了的向上级报告。

（3）传达上级各种安全文件、通报和会议精神。

（4）安排下一周安全工作任务。

3. 安全日活动要求施工队全体人员参加，因故没参加者事后由队长或安全员补讲。

4. 安全活动会中参加人员要积极发言，禁止一言堂。

5. 各级召开的安全工作例行会议，应由各级行政正职组织和主持。

6. 安全工作会议应有规范、真实、完整的记录，并妥善保管，施工队的活动记录，参加人员要签字，要接受安监部门的检查。

二十一、交接班制度

为严格交接班过程管理，明确交接班双方的权利和义务，避免推诿、扯皮现象，保证工厂生产的安全稳定运行，制定本制度。

1. 适用范围

本制度适用于本厂各部门、车间的交接班管理。

2. 职责与分工

主管部门：生产技术科负责监督本制度的执行。

相关部门：各部门、车间、班组负责在日常工作中认真执行本制度。

3. 内容与要求

（1）交班：

1）交班值班长应在下班前 1 小时，将所属的设备、管线阀门、仪表等进行全面检查，发现问题及时解决，不得拖延给下一班。

2）交班前半小时，由操作工擦拭好本岗位的机器、电器仪表。整理好记录，清扫工作现场、检查工具、仪器、防护用品、消防器材等，做好岗位交班前的准备工作。

3）交班前，当班者应向接班者详细交代本班情况，做到“十交”“六不交”。

“十交”包括：

①本班生产情况。

②工艺指标的执行情况和存在问题。

③事故原因和处理情况及处理结果。

④设备运转和维护保养情况。

⑤仪器、仪表、工具的保管和使用情况。

⑥记录表的填写保护情况。

⑦室内外及设备卫生。

⑧跑、冒、滴、漏及机械用油情况。

⑨安全生产情况。

⑩领导的指示。

“六不交”包括：

①工艺指标不符合条件不交。

②设备保养不好不交。

③事故原因查不清不交。

④工具不全不交。

⑤记录表不齐全不整洁不交。

⑥设备及环境卫生不清洁不交。

（2）接班：

1）接班人员必须提前 10 分钟到岗位，认真听取上班值班长对生产情况的介绍和本班值班长对生产工作的布置。

2）接班者必须对工作认真负责，听取交班者介绍情况进行全面检查。

3）检查要点："十交""六不交"是否做到，设备运行阀门开关，仪表使用、油、水、电是否正常，各控制点温度、压力、液位、流量等是否符合工艺条件。

4）要做到"五不接"：

①交班项目交代不清不接。

②存在不安全生产因素不接。

③事故原因不清，处理不完不接。

④设备运转异常不接。

⑤工具不全、设备、现场不清不接。

（3）交接班必须在现场进行，交接班时必须按照操作规程规定的内容和巡回检查制度所规定的检查路线，进行检查交接。

（4）交接班必须把当班设备运行和检修情况，向接班者详细交代清楚并填写记录。在接班者认为情况属实后，双方签字，交班人方可离开现场。

（5）交接班时如双方发生争执，应及时报告值班人员进行协商解决。在此期间由交班者正常操作直到问题解决，交接班期间发生事故由交班者负责，接班后发生事故由接班者负责。

二十二、安全用电管理制度

为保证职工的人身安全和身体健康，保障电气设备的正常运行，在供、用电方面有章可循，保证供、用电设施合理分界，线路及电费计量装置等不出现脱节，特制定本制度。

1. 凡从事电气设备的设计、安装、检修、运行等工作的人员，必须遵守《电业安全工作规程》（GB 20860—2011）以及电业部门的用电规定和我厂关于安全供用电的各项制度。

2. 电气工程的建设改造和电气设备的大修要严格执行电力建设施工及验收技术规范的规定。要组织设计、施工、机动、建设等专业人员验收，写出书面竣工报告。

3. 35 kV 及以上电压等级的变配电设备、6 kV 及以上的架空输电线路由动力科统一维修管理。

4. 6 kV 高压电器设备操作应执行工作票制度且必须两人及两人以上进行操作，电器操作必须穿戴好相应的劳动防护用品。

5. 全厂电气设备的运行管理由动力科负责，每季组织一次安全用电检查，查出的不符合安全用电技术规程标准的，各单位自行解决，对暂时解决不了的要采取可靠的防范措施，限期整改。

6. 全厂高压电气设备的继电保护定期校验，预防性试验由动力科负责，工作结束后，试验单送达用户。存在问题写出书面报告。

7. 每年在雷雨季节前，各单位必须将管辖范围内的防雷设施投入运行，对不符合要求的，立即整改，填表报机动处，机动处建立台账，汇总统一上报有关部门。

8. 生活区内低压用电维护管理计费由物管处负责。

9. 全厂电气设备的测量、指示能耗仪表由动力科负责校验，并负责现场校对。

10. 从事电气工作的人员由安全科负责进行培训，经考核合格持证上岗。

11. 为确保人身、设备安全，加强停、送电管理，停、送电操作应严格执行各项组织措施和技术措施，由熟悉电气设备的人员负责填写停电申请票，办理工作票，主管领导签字后，报主管厂长审签，一份交电调度，一份交厂调度下通知，一份留申请单位作为工作凭证，厂区内的 6 kV 及以上的线路停送电由电调度统一指挥。

12. 凡厂供电范围内的电气事故、保护误动、越级分闸、触电伤亡、带负荷拉（合）闸、带地线合刀闸，造成的电气损坏等，应通知机动处及有关部门，本着对事故“四不放过”的原则进行分析，写出书面报告上报动力科及有关部门，对弄虚作假、隐瞒不报者，一经查出严肃处理。

13. 高处作业、潮湿环境、危险场所、移动设备的作业，必须采用安全电压，装设合格的漏电保护开关。

14. 在厂区内，外包工程使用电源（包括临时电源）须经动力科同意，按厂用电管理规定办理，由动力科指定专业人员安装合格计费表，装设漏电保护开关，用户不得私自改动。

二十三、电力线路安全管理制度

为加强生产现场电力管理，规范各类工作人员的行为，保证人身、设备安全，依据国家有关法律、法规，结合公司实际，制定本制度。

1. 对经常裸露室外使用的照明及动力输电线路，要经常检查，及时更换磨损、老化电线。

2. 做好线缆、开关的绝缘防护，杜绝违章操作。

3. 严格按照《电力工程电缆设计规范》布置供电线路并设置安全防护装置，不准私拉乱接用电设备。临时用电期间用户应派专人看管临时用电设备，用完应及时拆除。

4. 电气设备和线路的维护由电气工作人员进行。

5. 检修设备前必须切断电源，用操作牌换电源牌，并在操作箱上挂好“禁止开动”标志牌方可进行修理。

6. 严禁使用挂钩线、破股线、地爬线和绝缘不合格的导线接电。

7. 严禁往电力线、变压器上扔东西。

8. 发现电力线断落时，不要靠近。如距离导线的落地点 8 m 以内时，应及时将双脚并立，按导线落地点反方向跳离，并看守现场或立即找电工处理。

9. 发现有人触电，不要赤手拉触电人，应尽快用绝缘或干燥材料断开电源，并将触电者就近抬到阴凉通风的地方按紧急救护法进行施救。不得用“沙埋法或河水浸泡法放电”等愚昧无知的方法救人，以免延误救人最佳时机。

二十四、运输安全管理制度

为了加强公司各单位运输作业的安全管理，消除各种隐患，防止行车事故的发生，制定本制度。

1. 公司运输车辆必须严格遵守本制度。

2. 公司安全科是负责运输作业安全管理的职能部门，其主要工作职责是：

（1）宣传和贯彻政府颁布的车辆运输安全法规、条例、规定，组织各项安全活动，交流和推广安全先进经验。

（2）组织召开各类安全、车辆管理会议，总结、分析各阶段的运输安全情况，并针对存在问题制定相应防范措施。

（3）负责机动车驾驶员的安全考核、培训及安全奖罚，参与企业重大生产、交通事故的调处及善后工作。

3. 生产部配备兼职安全员，主持单位日常安全组织管理工作，其主要职责为：

（1）宣传和贯彻政府颁发的车辆运输安全法规、条例、规定和企业各项安全管理规章制度、措施，定期组织安全学习，抓好驾驶员的安全教育和管理。

（2）制订单位安全工作计划和安全防范措施，组织各项安全活动和安全竞赛，定期做好各阶段的工作总结。

（3）处理单位交通事故，会同有关部门做好事故善后和结案工作，同时做好事故车辆的估价、预算和索赔工作。

（4）协助车管员做好车辆的技术检验和日常管理工作。

（5）办理单位领导委托和交办的其他安全生产组织管理事项。

4. 安全员应思想作风正派，工作认真负责，并懂得汽车驾驶技术，掌握汽车基本原理，对交通事故有一定的分析水平和现场处理能力，同时有一定的文字、语言表达能力。

5. 公司建立各级行政领导的安全岗位责任制：公司总经理为公司安全生产第一责任人，分管副总经理为公司安全生产直接责任人，安全科长为公司安全生产组织管理责任人，安全员、车管员为所在工作单位安全生产组织管理责任人。

6. 各运输单位必须认真贯彻“安全第一、预防为主、综合治理”的方针，坚持安全为了生产、生产必须安全和管生产必须管安全的原则，正确处理生产与安全的关系，实行全方位安全管理。

7. 驾驶员必须牢固树立“安全第一”思想，严格遵守国家《道路交通安全法》和公司安全行车规定，切实做到“十坚持”“九不准”。

（1）“十坚持”：

1）坚持中速行驶，不开英雄车。

2）坚持各行其道，不开霸王车。

3）坚持文明礼让，不开斗气车。

4）坚持安全第一，不开冒险车。

5）坚持预防为主，不开侥幸车。

6）坚持严以律己，不开违章车。

7）坚持三勤例保，不开带“病”车。

8）坚持四慢五掌握，不开盲目车。

9）坚持劳逸结合，不开疲劳车。

10）坚持顾客至上，不开缺德车。

（2）“九不准”：

1）驾驶车辆时不准吸烟、饮食和玩耍。

2）驾驶车辆时不准与同车人员闲聊。

3）不准光脚和穿拖鞋开车。

4）不准超速和超载。

5）不准疲劳和带病驾车。

6）不准驾驶技术状况不良和与驾驶记录不符的车辆。

7）不准饮酒后开车。

8）不准动用单位车辆私带学徒学车。

9）不准将营运车辆交给外单位司机及无驾驶执照的人员驾驶。

8. 本公司驾驶员在行车中发生刮擦、碰撞、辗压、翻覆、失火或其他过失，造成人、畜伤亡或车物损失，直接经济损失达人民币 200 元以上者均作记案事故处理。

9. 发生交通事故后，肇事驾驶员应迅速报告当地交警部门和本单位，在处理机关人员未到达前，应主动做好事故后果的抢救工作及保护好现场。

10. 车属单位接到事故信息后应立即派员前往现场协助处理。对重大事故还要按规定逐级上报，并会同公司安全部门和有关单位做好善后工作。

11. 肇事驾驶员在事故处理完毕后 48 小时内应写出书面检查报送单位及公司安全科备案。书面检查要求将肇事日期、时间、所驾车辆号牌、行驶路线、出事地点、原因、经过、后果（含人、畜伤亡和车、物损失情况）及本人对事故的认识、教训、今后措施详细写清楚。

12. 为教育肇事者本人及广大驾驶员，肇事单位对事故要坚持“四不放过”的原则。

13. 公司各运输车辆主管部门必须建立驾驶员安全技术档案。

14. 对在安全管理和安全行车工作中做出显著成绩的单位和个人，除给予精神鼓励外应给予相应的物质奖励。

二十五、供、配电系统安全管理制度

为了保证安全经济地供、用电，减少或消灭人身与设备故障，降低产品单位耗电，特制定本制度。

1. 节约用电

（1）要努力降低各车间的线路损失。

（2）生产部、电气部对每月、季、年的产品单耗进行分析，找出单耗增高或降低的原因，以便采取响应的措施降低产品的单耗。

（3）禁止用电热炉取暖做饭，室内照明采用节能灯泡、灯管。

（4）广泛宣传计划用电和节约用电的重大意义。

（5）克服开空车，大马拉小车的现象。

2. 调整负荷

（1）值班电工，各车间生产人员要密切联系，将全公司负荷

尽量调整平衡，避免主变过载。断续开车的设备尽量避开高峰负荷时间，尽量做到高峰少用电，低谷多用电，减少电费支出。

（2）如遇设备大修，应事先通知生产部，以便调荷。

3．提高力率

（1）值班电工应根据系统高压情况，尽量投运电容器，加强对电容器的维修保养，保证正常运行。

（2）各车间的低压电力电容器及高压就地补偿电容器也要加强维护，保证正常运行，使全厂功率因数保持在 0.90 以上。

（3）每月按时抄录有关电度表，按时准确计算各车间的电量及各产品的单耗，按时报有关部门及领导。

4．安全供用电

（1）首先各有关部门必须认真负责执行有关部门安全方面的规章制度，搞好设备的检修及维护。对电气工作人员进行安全教育，普及安全用电常识，保证安全供、用电。

（2）电气部应对本部门电工进行培训考核，不合格者不能独立进行电气工作。

（3）电气部和各车间安全员应组织各车间有关部门人员结合季节性的特点进行电气设备安全大检查，有威胁人身及电气设备安全的重大缺陷应限期处理。

（4）安全供电电压和周波：

1）35 kV 系统电压波动范围不超过额定电压 ±5%。

2）10 kV 及低压供电系统电压波动范围不超过额定电压 ±7%。

3）低压照明供电系统不超过额定电压 +5%、−10%。

4）系统的电压波动如低于标准电压的 7% 时，应首先调整总降主变升压，如仍低于标准电压要求，应及时与当地变电站联系调压。

5）供电周波的偏差不超过标准周波的 ±5%。

5. 高压供电系统的安全供电

（1）值班电工必须严格执行巡回检查制度，每日交接班后应对总降站内高压设备进行检查，发现设备缺陷应填写记录，危急和严重的应立即上报，并立即处理。

（2）电网事故停车期间，不得在事故停电的电气设备上进行工作，总降事故停电后不准在该电气设备上进行工作。

6. 厂高压电动机开停的安全管理

（1）首先各有关部门必须严格地执行操作票制度。高压电动机开车前应通知值班电工，争得同意后方可开车。

（2）高压电动机预计停车 2 h 以上者必须通知值班电工，以便进行必要的检修工作。

（3）各高压电动机或高压电机拖动的设备停车检查或维修时、馈电线检查等要履行停电手续，以保证安全。

（4）各高压电动机或高压电机拖动的设备及馈线检修后要求送电时要履行送电手续，以保证安全。

（5）值班电工要严格执行《电业安全工作规程》和操作规程。

（6）停电拉闸必须按照负荷侧、母线侧开关顺序依此操作，送电合闸的顺序与此相反。

（7）高、低压设备停电检修时，均执行工作票制度。

（8）在全部停电或部分停电的电气设备工作，必须按以下顺序进行实际操作：

停电、验电、装设接地线、悬挂标示牌和装设遮栏。

（9）对带电作业所使用的绝缘工具要进行认真检查。

（10）对场内供电系统和高压电动机的保护装置整定值需经电气部批准。

（11）为了保证安全运行，每年要定期对总降和高压设备进行停电大清扫。

7. 各车间安全用电

（1）各车间岗位人员不得随意接送电源，如需接用电设备应通知电工接线。

（2）各车间岗位人员如发现电气设备有故障要及时通知电工处理，各车间岗位人员不得自己处理。

8. 计量和收费

（1）如遇两进线更换电度表时，值班电工应同时记录新旧表底、换表时间和应增加的电度数。

（2）各分路电度表更换时，应记录换表时间、新旧表底，根据当时负荷应增加的电度数，供月底计算。

（3）本公司原则上不转供电，特殊情况需经公司领导批准，电力局同意，由电气部办理，其他各部门未经批准无权对外转供电。

（4）转供电用户必须安装计费电度表，计费设备由用户自备，表计由电气部校验加封。

9. 计量电度表

计量电度表由电气部统一管理维护，其他单位不得随意拆封。

10. 外用户的用电

外用户的用电必须签订协议书，一律装表计量，按期交纳电费，线路安装标准，表的校验周期为两年，并按规定交纳电费。

11. 全公司电量计算和分配

（1）全公司电量由电气部统一计算，电量分配按表计量，用风、用水按规定比例分配。

（2）损耗电量按比例分配。

（3）有电耗指标的单位应以公司下达的指标为考核标准。

二十六、设备设施维护制度

正确合理使用、维护和保养生产设备是企业设备管理中的最基础的工作，是保证设备正常运转并经常处于完好状态的关键。因此，本部门必须建立健全设备的操作、使用和维护规程，巡回点检及岗位责任制，并做好各岗位操作室制度上墙工作。

1．标识

在推行企业全员参加设备管理的基础上，按照三级管理原则，建立相应的三级点检制度，让岗位员工知道设备日常维护的重点所在，通过点检，掌握设备的运行情况。针对发现的问题和缺陷，积极制定相应的处理措施。

2．设备维护

设备维护主要指日常维护和定期维修。设备日常维护全部依据设备使用说明书来进行。除了日常维护，定期的维修更是重中之重。定期的维修指检修计划的制订、执行及验收的过程，其中包括了备件计划的制订、采购以及维修记录的保存等工作。预防性维修在现阶段的设备维护管理手段中仍是比较先进的。

预防性维修就是在设备损坏尚未发生故障和丧失最低性能之前，为了防止故障，恢复和提高设备效能，进行强制实效的计划维修。它分为周期预防维修、间歇维修、技术改善维修等。

（1）周期预防维修。根据设备运转周期等参量指定的计划进行维修。

（2）间歇维修。根据三级点检记录，对于间歇的故障进行深入详细的技术分析，并利用设备间断生产的正常停机的时间进行的维修。

（3）技术改善维修。对设备经常发生重复性故障的部位，或由于设备的设计、制造所造成的先天性缺陷进性部分结构、材质改建，提高设备技术性能和运转周期的维修。

3. 设备检修记录的要求

凡设备大、中修都要做好检修记录，由设备部存档备案，其记录内容包括：

（1）注明重点设备、主要设备重点部位的磨损程度，备件更换数量。

（2）齿轮啮合要注明接触量、侧隙、顶隙等。

（3）滚动轴承要注明间隙，滑动轴承注明接触、侧隙、顶隙、包角、瓦口探尺量等。

（4）新换配件要注明公差量。对轮要注明摆动与张口偏差量。轴要注明水平及中心线偏差量。

（5）对于大修工程竣工后应作总结，内容包括维修项目、检修时间、竣工方案与重点措施、重点部位、质量要求与检修后实际情况、备件更换数量、材料消耗、用工数量、大修费用量等。

二十七、设备异常情况报告制度

为了加强设备安全管理，防止设备安全事故的发生，特制定本制度。

1. 为了维护正常生产，明确三级点检的重要性，必须坚持和抓好三级点检，记录要详细记载。

2. 对存在问题进行技术分析、采取措施。做好维修前的准备工作，认真组织、安排好维修项目、配备件、材料、工器具、施工力量、时间进度、安全措施的具体落实。

3. 在三级点检的基础上，各车间、部门把生产期间未能处理的异常情况报到设备部，每月一次，由设备部组织技术人员鉴定、汇总、存档，再和生产部协商，在未来的定检、小修、中修或大修中，进行有针对性的维修工作，维护生产的正常进行。

二十八、特种设备安全控制程序

本程序对特种设备的采购、安装、使用、维修、保养等环节进行有效的管理，以控制职业健康安全风险。

1．适用范围

适用于公司特种设备的选型、采购、安装、使用、检测等全过程的控制活动。

2．职责

（1）设备部负责对特种设备的选型、采购、组织安装、检修等过程的管理工作。

（2）技术质量部负责特种设备使用等过程中执行职业健康安全法律、法规及其他要求的监督工作。

（3）各部门负责所属设备的使用、维修保养等工作。

3. 控制要求

（1）特种设备指具有易燃、易爆和易发生群死、群伤的危险性设备。

（2）特种设备包括锅炉压力容器、厂内机动车辆等。

（3）特种设备的选型采购的管理：

1）特种设备的选型采购阶段要充分考虑职业健康安全要求及对策，以消除隐患。

2）特种设备必须选择有生产许可证、安全认证，以及具有相应资质的单位制造的产品。

3）尽可能选择自动化程度高的特种设备，以最大限度地减轻操作人员的体力和脑力消耗，防止精神过度紧张和过于疲劳。

4）特种设备选型时要充分考虑有害物质排放，以确保在使用过程中有害物质的排放不得超过有关标准的规定。

5）技术质量部主管安全的人员必须参加特种设备选型方案的评审，并签署评审意见。

（4）特种设备的安装管理：

1）设备部门应组织具有相应资质的人员进行安装，并到上级主管部门办理相应的报批手续。

2）安装阶段应严格执行相关的安装规范和技术要求的规定。

3）设备基础要保证有足够的深度和强度。

4）所有的传动和转动部位应有必要的防护。

5）安装完毕后，设备部应请技术监督部门认可的检测单位进行检测，合格后方可使用。

（5）特种设备操作人员的管理：

1）特种设备操作人员应符合相关规定要求。

2）操作人员必须正确穿戴好个人防护用品。

3）操作前要对设备进行安全检查，确认安全后，方可使用。

4）操作工应严格按照安全操作规程进行操作。

（6）监督检查。技术质量部每季度、各相关部门每月应对特种设备进行一次巡查，发现问题及时处理，具体执行《纠正和预防措施控制程序》。

二十九、食堂卫生检查制度

保持食堂干净、整洁，具有良好的环境卫生，是保证食物不被污染的重要措施之一。为保证食堂食品卫生安全，特制定食堂卫生检查制度。

1. 食堂管理人员要随时检查食堂的环境卫生，并做好检查记录。

2. 分管领导或行政值周领导至少每天不定时检查一次食堂的卫生情况，并做好记载。

3. 检查内容包括：

（1）食堂内的环境卫生。地面是否有残留的食物残渣等垃圾，地面坑洼处是否积有污水，潲水桶是否加盖。水池内外、排污地沟等处有无堵塞，是否有饭菜残渣。灶台、操作台等处是否干净、整洁。

（2）从业人员的个人卫生。从业人员是否做到“四勤”，是否正确穿戴工作衣帽，有无戴首饰上岗，有无在工作区或操作间吸烟，有无在操作间内高声喧哗，有无不良卫生习惯，分发食物时是否戴一次性口罩和一次性手套。

（3）食堂的“三防”设施有无损坏情况，是否充分发挥“三防”设施的功能和作用。

（4）从业人员是否按流程进行规范操作，做到生熟、荤素分开，有无不规范操作现象。

（5）库房是否通风、整洁、整齐、明亮。更衣室衣物挂放是否整洁有序。

（6）餐具用具是否每次用后清洗、消毒，是否按规定和要求进入配餐间存放。

三十、安全标志标示与危害告知制度

为了规范工作场所职业危害的告知和安全警示工作，预防、控制和消除职业病，保证安全生产工作的顺利进行，维护公司员工权利，加强监督管理，根据《职业病防治法》《使用有毒物品作业场所劳动保护条例》及其他相关法规，特制定本制度。

1．总则

（1）为了规范工作场所职业危害告知和安全警示工作，预防、控制和消除职业病，保证安全生产的顺利进行，维护厂员工的权利，加强监督管理特制定本制度。

（2）本制度所称的职业病危害告知是将工作场所的职业病危害和防护措施如实告知厂员工，告知的方式包括劳动合同、公示栏和培训。职业病危害警示是在工作场所设置可以使员工产生警觉并采取相应防护措施的图形、线条、相关文字、信号、报警装置及通信装置等。其中图形、线条、相关文字统称为警示标志。

（3）将工作场所的职业病危害如实告知厂员工，并设置警示标志。

（4）依据职业病危害因素的特性，选用并设置相应的防护标志。

（5）在工作场所中厂员工应严格按照告知和警示提示进行防护。

（6）安全部和生产调度室及有关管理部门的管理人员有权对本制度的执行情况进行监督检查，发现问题有权提出处理意见。

2. 告知

（1）存在粉尘、放射性物质和其他有毒、有害物质等职业病危害因素的车间，必须将工作过程中可能接触的职业病危害因素的种类、危害程度、危害后果、需要的防护设施和个人使用的防护用品等情况，通过岗前培训、岗位培训和公告等方式如实告知厂员工，不得隐瞒和欺骗。

（2）定期对员工进行工作场所职业病危害告知和警示方面的培训，主管部门应了解其设置和使用方法。

（3）各车间部门要对员工进行岗前培训，使他们了解和掌握被告之的警示标志的含义和应对措施。工作场所职业病危害告知和警示标志内容列入在岗职业卫生培训范围。

（4）设置公告栏：

1）在厂门口或作业场所醒目位置设置。

2）有关职业病防治的规章制度、操作规程、职业病危害事故应急救援措施、求助和救援电话要设置在相关岗位。

3）工作场所职业病危害因素标准及检测结果在相应岗位公布。

4）公告内容应准确、完整、字迹清晰、及时更新。

3. 警示

（1）存在粉尘、放射性物质和其他有毒、有害物质等职业危害的岗位，必须设置相应的警示标志、警示线、警示信号、自动报警和通信报警装置。

（2）警示标示分为禁止标志、警告标志、指令标志、提示标志和警示线。

4. 警示标志设置和使用规范

（1）警示标志的设置高度。警示标志的设置高度，应尽量与人眼的视线高度相一致。悬挂式和柱式的环境信息警示标志的下缘距地面高度不宜小于 2 m。局部信息的设置高度应视具体情况确定。

（2）使用警示标志的要求：

1）警示标志应设在与职业病危害工作场所有关的醒目地方，并使大家看见后，有足够的时间来注意它所表示的内容。环境信息宜设在有关场所的入口处和醒目处。局部信息标志应设在所涉及的相应危险地点或设备上的醒目处。

2）警示标志不应设在门、窗、架等可移动的物体上，以免这些物体位置移动后，看不见安全标志。警示标识前不得放置妨碍认读的障碍物。

3）警示标志的平面与视线夹角应接近 90° 角，观察者位于最大观察距离时，最小夹角不应小于 75° 。

4）警示标志应设置在明亮的环境中。

5）检查与维修：

①保持警示标志牌整洁、清晰。

②至少每半年检查一次，如发现有破损、变形、褪色等不符合要求时应及时休整或更换。

5. 采购

（1）各车间根据要求，对本辖区的职业病危害进行辨识，并根据实际情况将所需的警示标志报安全部。

（2）安全部根据各车间申报情况，审核后向生产厂家采购合格规范的标志。

三十一、安全标准化合格班组管理制度

为了预防事故，加强班组安全生产管理，落实安全生产责任制，特制定本制度。

1. 范围

本制度适用于工厂创建安全标准化班组工作。

2. 安全标准化合格班组标准

（1）安全管理方面：

1）班组达到六个月内零事故、零伤害、零损失。

2）班组六个月内无重大以上未遂事故。

3）明确班组长为本班组第一责任人，班组设立兼职安全员。班组的每一位职工有清楚自己的安全职责。

4）班组要坚持每天一次的安全检查，安全检查要有记录且记录完整、清晰。

5）班组长对班组安全活动认真负责，安全活动要有记录且记录完整、清晰。

6）坚持开展班组安全教育，对新职工（包括临时工、转岗人员）进行24 h的第三级安全教育，并组织班组人员认真学习安全技术、规章制度等，安全教育要有教育记录，且记录完整、清洁，在厂组织的安全考试中，全班平均成绩达到90分以上。

7）班组长要按要求参加厂和车间组织的安全列会，并认真组织本班的安全例会，安全例会要有记录，且记录完整、清洁。

8）班组安全生产规章制度齐全，有安全生产责任制、岗位责任制、安全操作规程、交接班制度、巡回检查等制度，全班组人员熟知各项制度内容，并认真执行。

9）班组消防器材、防护器材等定点存放，有专人负责检查。有专业负责保管。

10）确保班组各类安全标志完整清洁。

11）积极参加工厂、车间组织的事故应急救援预案演练，并定期组织本班组的事故应急救援预案演练。

（2）作业环境方面：

1）岗位设备完好，无跑、冒、滴、漏现象，各种安全装置齐全、灵敏可靠，沟、坑、池、平台、楼梯、设备孔等的盖板，栏杆完整无损。

2）工作场所原材料、半成品、成品包装物做到定位、定置管理，安全通道通畅，作业场所物料堆放整齐，生产现场清洁。

3）工作场所通风照明符合安全生产要求。

4）尘、毒、噪声合格率达到要求。

5）电气设备符合电气安全和防火防爆要求。

6）工作场所无不符合要求的临时线。

7）及时发现各类隐患，并及时整改，暂时无法整改的隐患必须制定切实可行的防范措施，并向车间报告。

8）操作间，更衣室整洁卫生。

（3）安全作业方面：

1）严格执行安全操作证制度，做到持证上岗，下班将操作票拿走。

2）认真执行巡回检查制度，做到巡回检查定时、定点、定路线、定内容。

3）按时填写巡回检查记录，原始记录清晰、整洁、真实、无差错。

4）按照工艺规程、安全技术规程、岗位操作法等精心操作，搞好设备维护保养，不脱岗、不串岗、不睡岗，不伪填巡检记录，不做与工作无关的事。

5）全班组人员无违反工艺纪律、劳动纪律的现象，对违章指挥能进行抵制，对本班组人员违章作业、违反劳动纪律行为能相互制止。

6）参加检、维修作业，严格按照施工方案及检测规程进行。严格执行设备检修许可证，高处作业证、罐内安全作业证、抽堵盲板安全作业票、动火证、动土证等安全作业票证制度，无证不进行作业。

7）按照有关要求在检、维修等作业场所设置区域警示标志。

8）无论何种作业，凡有二人以上参加，必须指定一人负责安全。

9）作业过程中，按照有关规定正确佩戴、使用劳动防护用品。

（4）一票否决指标：

1）由于班组内部原因，班组发生安全事故的。

2）由于班组内部原因发生重大或特大未遂事故的。

3）班组内出现拒绝执行专职安全员及工厂管理人员正确指挥的。

4）评选办法和奖惩。

①由班组自查，自认合格后，向所在车间、部门申报验收。

②车间（部门）验收后，向安全部申请复验。

③复验由安全部会同技术部、设备部、生产调度室等管理部门按照厂《安全合格班组考核奖励细则》共同进行，通过后由工厂统一命名。

④安全标准化合格班组评选活动每半年进行一次，被命名为安全标准化合格班组的班组由厂按照《安全合格班组考核奖励细则》进行奖励，达不到的单位取消其评选资格。